パリのガルディアンものがたり

～フランス首都圏の共同住宅マネジメント～

目次

第一章　はじめに

1　ガルディアンの一日

ガルディアンとはフランス語で「共同住宅の管理員」という職業を指す。本書の登場人物、ガルディアンが常駐するロジュ（Loge 管理員室）はレ・ド・ショッセ（Rez-de-chaussée）と呼ばれる地上階にある。日本で言えば1階。そして日本の2階にあたる階を、フランスでは第1階（Premier étage）と呼ぶ。

午前6時。ここはパリ市にある共同住宅（**写真1**）。そこに、住み込みで働くガルディアンの一日がはじまる。身支度をして、中庭からゴミ回収のコンテナを、前面道路まで引っぱり出す。毎日午前6時半頃、パリ市のゴミ回収車がまちを巡回する（**写真2**）。ロジュを出ればそこは共用階段ホール（**写真3**）で、前日の晩にロジュを閉めた時と変わりはない（**写真4**）。ロジュに戻り、コーヒーと朝食を摂る。居住者がロジュの前をとおり、玄関ドアから出勤していく。登校する子ども連れの居住者もいる。にぎやかだ。午前8時、掃除道具を出して共用部分の掃除をする。階段に敷かれた毛氈に掃除機をかけ、木製の手すりをふく。バケツに水をはり、モップやぞうきんでガラス窓や鏡、石造りの壁や床を丁寧にそして手早く掃除する。重労働だ。前面道路はパリ市が清掃するのだが、毎日ではない。ほうきではき、水を打つ。顔を上げると、通りを隔てた向かいのアパルトマンのガルディアンが同じように掃除に出て来ているのが見える。挨拶と世間話がかわされる。

「調子はどう？　バカンス（休暇）はいつから？」

あっと言う間に午前10時。郵便局員が住棟の居住者あてに郵便物を持ってくる時間である。各居住者の郵便受けはレ・ド・ショッセにある（**写真5**）。郵便局員から郵便物を受け取り、各居住者の郵便受けに配る（**写真6**）。郵便受けに入らないサイズの小包が届いていることに気づく。居住者が帰って来たら渡そう。5階に住む一人暮らしのおばあさんには、郵便物があれば住戸まで届ける約束になっ

写真１　パリ市のまちなみ（筆者撮影）

写真２　パリ市のゴミ回収車（筆者撮影）

写真３　玄関ホール（筆者撮影）

写真4　ロジュの出入り口（筆者撮影）

ている。3階に住むビジネスマンは出張が多い。郵便受けが溢れないように、こちらも住戸まで届ける約束になっている。郵便物の仕分けを終え、小さなエレベーターでおばあさんの家とビジネスマンの家をまわる。声かけも忘れない。

「こんにちは、マダム。調子はどうですか?」

一度、声かけをしても応答がなく、大騒ぎをしたことがある。今日は元気な顔を見ることができた。次はビジネスマンの家。玄関ドアの下から請求書らしき封筒を中へ滑り込ませる。家の中は静かである。

午後1時、居住者が帰ってくるまでしばらくある。昼食を摂って、読書でもしよう。

午後4時、そろそろ学校へ行っていた子どもたちが帰ってくる。鍵を忘れて出かけたという子どもが、困ってロジュに来た。母親に連絡すると、彼女はすぐには帰宅できないので、入居時からガルディアンが預かっている鍵で子どもを家の中に入れてあげて欲しいとのこと（**写真7**）。2階の家にその子を送り届けてロジュに戻ると、今朝受け取った小包の受取人である居住者が帰って来た。

「こんばんは、ムッシュ。小包が届いていますよ」

あれこれと居住者への対応が一段落した午後7時、ロジュを閉めてガルディアンの一日は終わる。スーパーに買い物に出かけて帰ってくれば、これまでロジュだった空間はガルディアンの住宅へと変わった。

2　なぜ、いま、フランスなのか？

なぜ、いま、フランスなのか？　まずはその背景に、以下のような日本の共同住宅のマネジメントの歴史と現在の課題があることから説明しよう。

日本では、戦後復興期にあたる１９５０年代に世界大戦後の住宅不足の解消のため、最小限度のシェルターを供給することが国レベルでの喫緊の課題とされた。具体的には、既存の木造住宅が戦火で大量に焼失した経験を踏まえ、住宅の不燃化が目指され、鉄筋コンクリート造の住宅が積極的に建てられることになる。構造的に強化された住宅は、当時の住宅の需要とあいまって、縦に連なる積層共同住宅という形態で供給された。我が国の場合、共同住宅が本格的に供給されるのは、戦後の公営住宅の供給がきっかけとなっている。その頃から我々は共同住宅のマネジメントを育んできたわけだ。住宅管理に居住者が協力して関わるというマネジメントは、コミュニティを醸成するという嬉しい副産物をもたらし、一定の成果をあげてきた。

しかし、近年では少子高齢化やライフスタイルが多様化することによって、体力的にも時間的にも住宅管理に関わることのできない居住者がいることも珍しくなくなってきた。また、投資目的での住宅売買により、所有者と居住者が必ずしも一致しない分譲貸しという所有形態もみられるようになっている。つまり、これまで通りの考え方や方法で住宅や住宅地のマネジメントをすることが、限界に近づいているのである。それは戦後、高度成長期に構築した建築物や社会システムが、時間の経過とともに日本の社会構造と少しずつ乖離してきたことに起因する。

写真５　レ・ド・ショッセの郵便受け（筆者撮影）

写真６　郵便物を配るガルディアン（筆者撮影）

写真７　ロジュに保管された住戸の鍵（筆者撮影）

一方、近代化や社会構造の変革を、我が国よりも以前から経験し乗り越えて来たヨーロッパの都市には、社会背景や文化は違うが、住宅や住宅地のマネジメントの蓄積がある。その蓄積に焦点を当て、日本の住宅、住宅地のマネジメントに活用できる知見を得ようというのが今回のねらいである。

本書は、居住者管理の重要性を理解し、さらにその限界に目をむけて第三者管理の可能性を探ろうとしている。これまで、共同住宅や住宅地などのマネジメントの議論では、そこに住む人が管理活動に参加するという居住者参加型管理の重要性が再三確かめられてきている。居住者参加型管理が重要であるということは、居住者の生活態度の見直しを促す住教育の視点からみて、住宅の寿命化の一つの原理であると言える。しかし、居住者の高齢化や共働き世帯・不在区分所有者の増加等は、共同住宅の運営管理の混乱を招き、管理に参加する居住者と参加できない居住者との間に不公平感を引き起こす。また、住宅の集合体を都市と捉えるならば、住宅のマネジメントは確実に都市へと影響する。住宅、住宅地、都市が有機的につながるために、どうすれば我々はマネジメントを持続的なものにしていけるのだろうか。ここでは、居住者参加型管理の限界を予測しつつ、マネジメントのセーフティネットとしての第三者管理の可能性に着目していきたい。

再び問いを確認してみよう。なぜ、いま、フランスなのか？　それはフランスのハウジングが持つ二つの特徴が、その問いを解くためのちょうど良いヒントになると考えるためである。

一つめは、フランス首都圏の区分所有共同住宅では19世紀からガルディアンの導入が大衆化しており、第三者管理が共同住宅管理体制に伝統的に組み込まれているという点である。(1) フランスという積層集住の歴史の長い地域において、ブラッシュアップされてきた管理体制に着目し、その長所や短所などを明らかにできれば、第三者管理の可能性を検討するヒントになるのではないかという算段である。

二つめは、フランスでは、大規模開発された団地（特に社会住宅団地）の管理が都市計画と一体的に着手されており、建物単体ではなく団地や地域のような「面的」な広がりを持つ空間が管理対象として認識されているという点である。フランスが住宅を都市とともに捉えているということは、住宅、住宅地、都市という空間的広がりを考慮した持続性を実現しようとしていると考えられる。

以上のような理由から、フランス首都圏の共同住宅管理に着目することこそが、共同住宅の管理と都市のマネジメントを視野に入れた第三者管理の可能性を見いだすことにつながるのではないかと考える。

以下、本書では第二章で「ガルディアンとは何者か?」、第三章で「ガルディアンの歴史」、第四章で「現代におけるガルディアンの展開」について述べ、まとめにつなげていきたい。

第二章　ガルディアンとは何者か？

1　フランス首都圏の住宅、住宅地

パリ市はフランスの首都であり、そこには観光客を魅了する建築が数多くある。しかし、それは町のほんの一部分であり、まちの大部分は住宅で形作られている。そして、その住宅とは「アパルトマン」と呼ばれる共同住宅であり、驚くことにその割合は全住宅の99％に及ぶ。パリ市の街区はアパルトマンで形成されているようなものである（**写真8**）。

ここからは、フランスの社会調査機関であるフランス国立経済統計学研究所（以下、ＩＮＳＥＥ）によるイル・ド・フランスの住宅統計調査[2]や既往研究などを参考に、本書で取り扱うフランス首都圏の住宅、住宅地について概説する。本書で言うフランス首都圏とは、イル・ド・フランス地域圏であり、パリ市とその周囲の7県を含む地域である（**図1**）。

主要都市全体の2割弱にあたる住宅が首都圏にあり、首都圏の4分の1にあたる住宅がパリ市にある。そのうち、空き家率は、主要都市全体で6％、パリ市で7％である。**図2**は首都圏における平均年間建設戸数と空き家率の経年変化を示したものである。今後の住宅の建設は、なだらかな減少傾向が続くと推察されている。

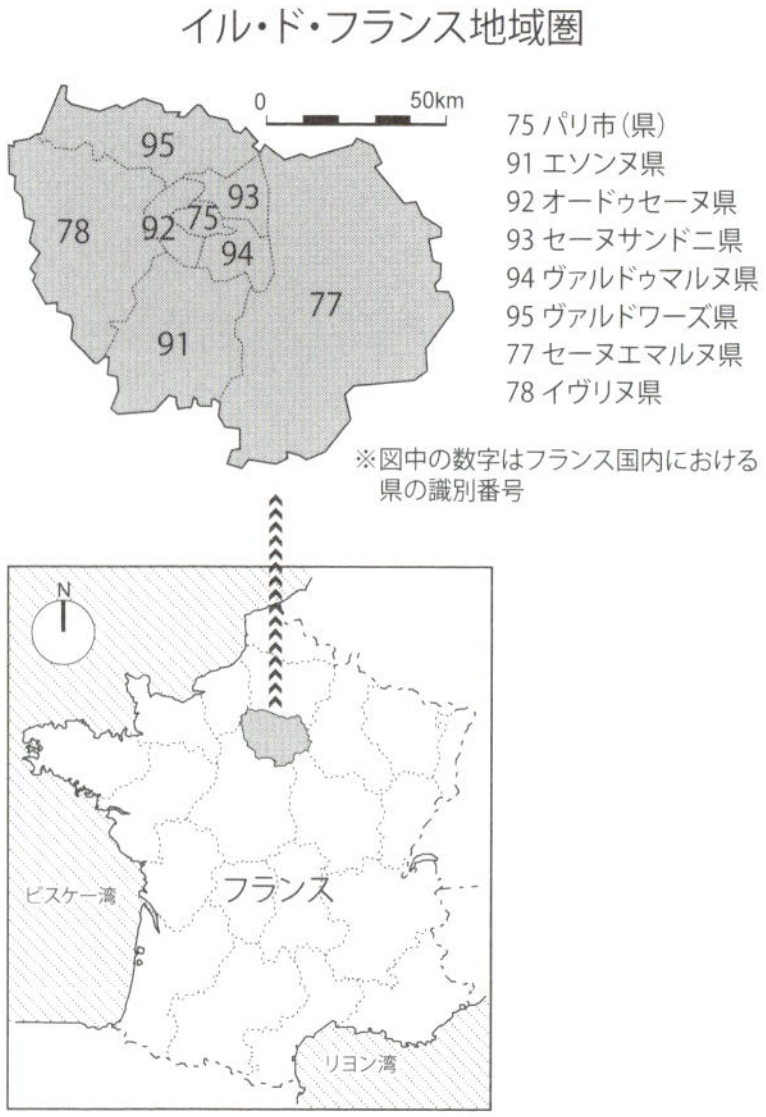

図1　イル・ド・フランス地域圏

写真8　アパルトマンで形づくられる街区（筆者撮影）

以下、首都圏の住宅、住宅地の特徴をみていこう。

①共同住宅の多さ、借家の多さ

写真9は、パリの市街地をエッフェル塔から撮影したものである。スカイラインが統一された共同住宅が街区をつくっている様子がみてとれるだろう。**図3**は首都圏とパリ市における、住宅の所有形態を建て方別にみたものである（2012年現在）。まず、住宅の建て方をみると、首都圏では戸建て住宅は138万607戸、共同住宅は355万2108戸で、パリ市では戸建て住宅は1万5511戸、共同住宅は111万9096戸である。つまり共同住宅が全住戸に占める割合は、首都圏では72%であるのに対し、パリ市では全住戸の99%である。所有関係についてみると、首都圏およびパリ市に共通して、戸建て住宅は共同住宅よりも持ち家率が高い。共同住宅はいずれも3戸に2戸の割合で賃貸となっている。

②短期居住者、不在区分所有者の存在

パリ市、首都圏、主要都市全体における世帯の居住期間をみてみる（**表1**）。パリ市は、短期居住者の割合が他に比べて若干多い傾向がある。居住期間が5年未満の住民は、首都圏や主要都市全体では3割強、パリ市では4割弱を占める。2010年の日本の国勢調査によると、居住期間が5年未満

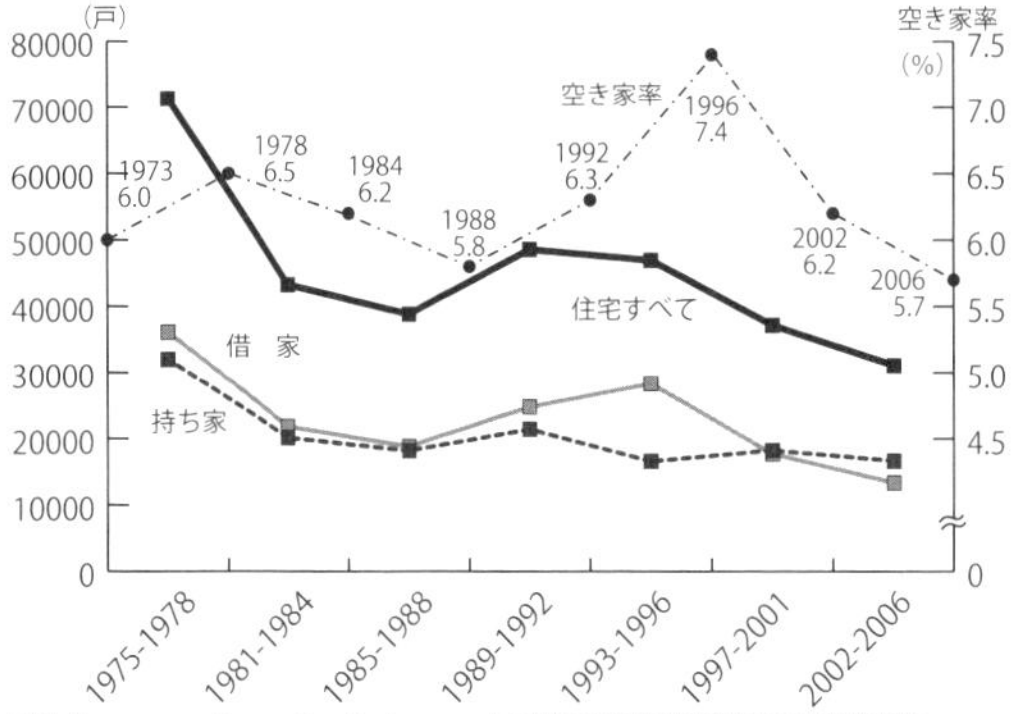

出典：Insee, enquêtes nationales logement 1978,1984,1988,1992,1996,2002,2006
2006 年 INSEE 住宅統計調査をもとに執筆者作成

図２　首都圏における平均年間建設戸数と空き家率

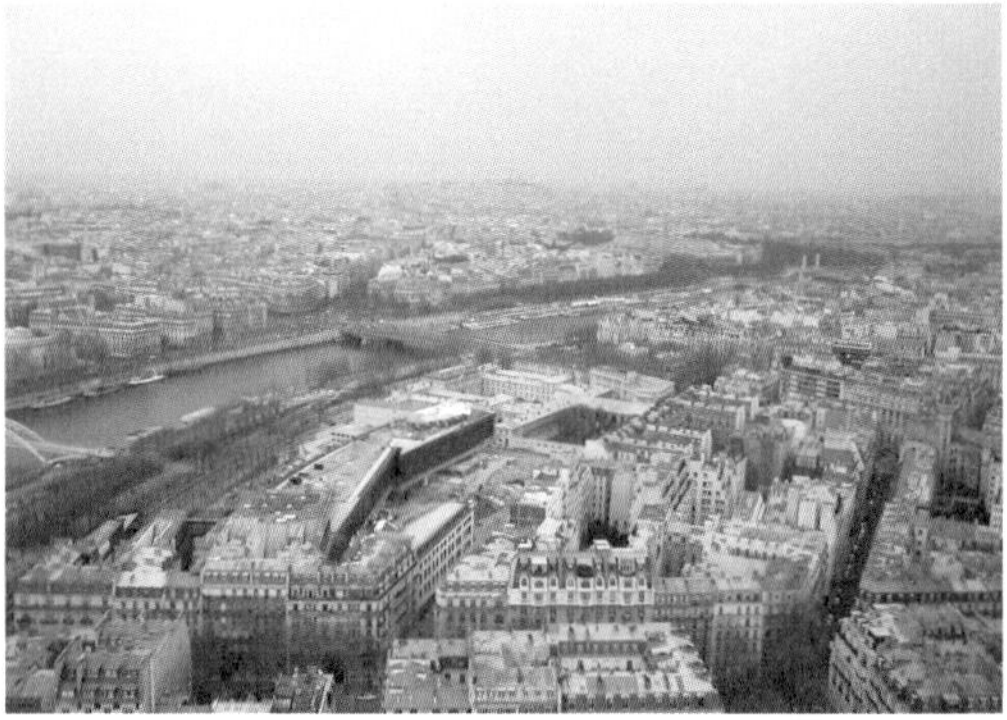

写真９　パリの市街地（筆者撮影）

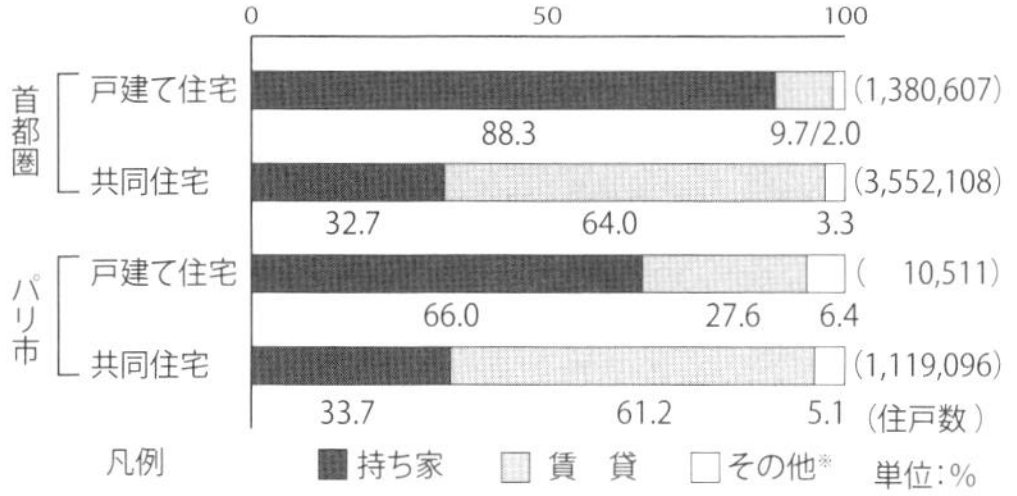

※その他には、賃貸でありながら家賃を居住者自身が支払っていない場合が含まれる。例えば、給与住宅の中でも、家賃が無料である場合など。
2012年INSEE国勢調査をもとに執筆者作成

図３　住宅の建て方と所有形態

表１　居住期間

	パリ市（n=1,154 千）	首都圏（n=5,042 千）	主要都市全体（n=28,516 千）
2 年未満	15.1	12.2	13.1
2~4 年間	23.1	21.3	20.1
5~9 年間	18.5	19.3	17.2
10~19 年間	20.9	21.8	19.8
20~29 年間	9.1	11.1	11.8
30 年間以上	13.4	14.4	18.1
計	100.0	100.0	100.0

〈不明のぞく〉　単位：%
2013 年 INSEE 住宅調査をもとに執筆者作成

表２　不在区分所有者の割合

<table>
<tr><th colspan="4">共同住宅住戸数</th></tr>
<tr><td colspan="4">2,303,658
100.0%</td></tr>
<tr><th colspan="2">共同所有の
共同住宅住戸数</th><th colspan="2">単独所有の
共同住宅住戸数</th></tr>
<tr><td colspan="2">1,999,816
86.8%</td><td colspan="2">303,842
13.2%</td></tr>
<tr><td colspan="4">(N=2,303,658)</td></tr>
<tr><th>オーナー</th><th>テナント</th><th>オーナー</th><th>テナント</th></tr>
<tr><td>1,134,629
56.7%</td><td>865,187
43.3%</td><td>14,195
4.7%</td><td>289,647
95.3%</td></tr>
<tr><td colspan="2">(N=1,999,816)</td><td colspan="2">(N=303,842)</td></tr>
</table>

2006 年、INSEE 住宅調査をもとに執筆者作成　単位：戸

の人口は、全体の26％。日本とフランスとを単純に比較することはできないのだが、フランス、特にパリ市では短期居住者の割合が大きいことになる。つまり、都市の人口の入れ替わりが激しいということだ。

　短期居住者の存在と合わせて理解いただきたいのが、不在区分所有者についてである。これは読んで字のごとく、住宅の所有者ではあるが、その住宅を誰か他の人に貸したり、空き家にしたりして、自分はそこには住んでいない人のことである。**表2**はフランス首都圏の住宅の所有形態と、居住者の概要（オーナーかテナントか）を示したものである。共同住宅全体の9割弱が区分所有の住宅である。その中で所有者が居住しているのは、区分所有共同住宅の総住戸のうち57％である。それに対して区分所有住宅であるにもかかわらず、賃貸住宅として貸し出されているのは区分所有共同住宅のうちの43％である。不在区分所有者がいると、総会の開催通知や管理規約の変更の連絡に手間がかかる。連絡先が不明の所有者もいるかもしれない。ゆえに、不在区分所有者の存在は、管理体制の複雑化や混乱につながりやすい。

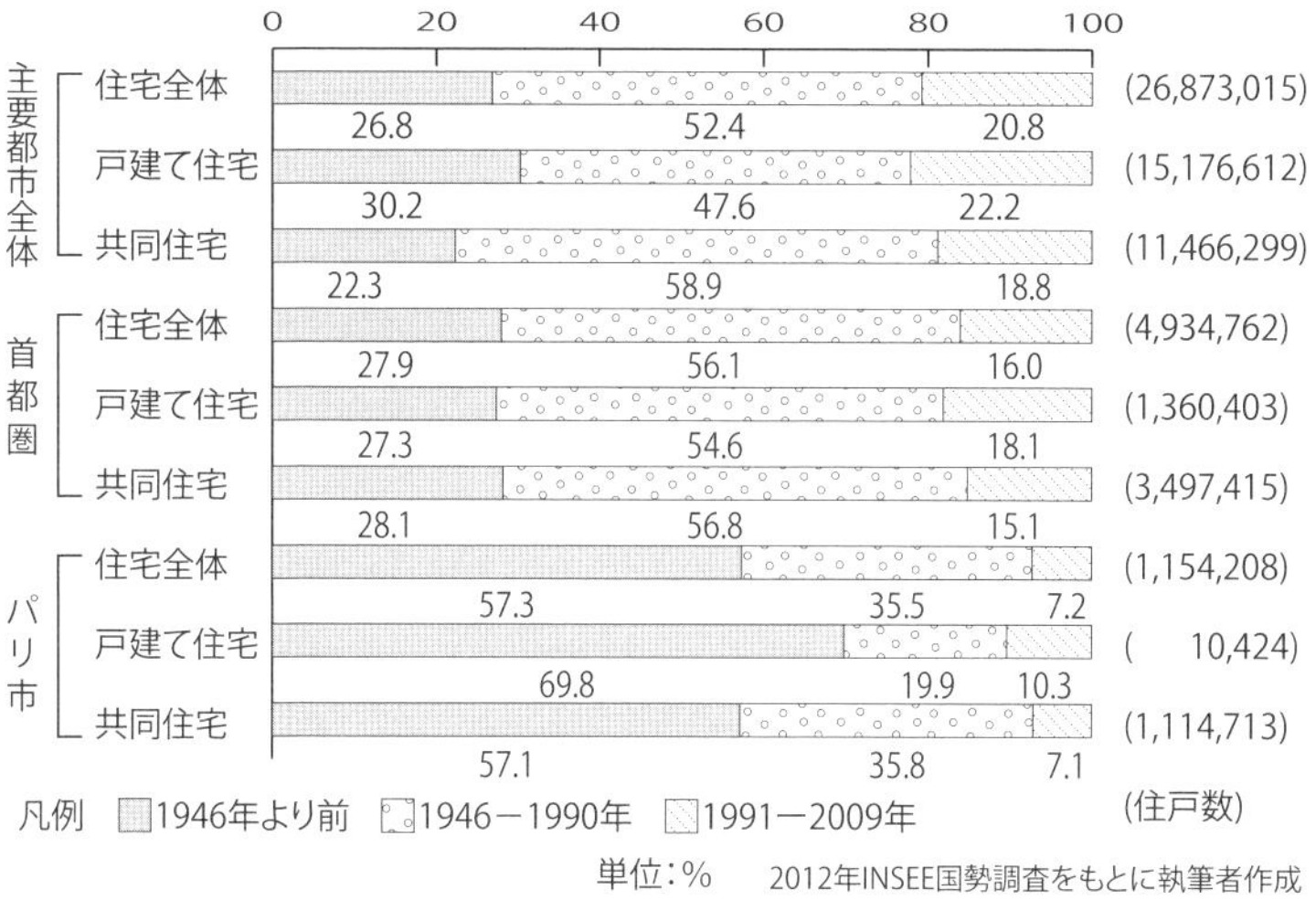

図４　住宅の高経年化

③住宅の古さ

図４はフランス主要都市全体と首都圏、パリ市の、住宅の高経年化を建て方別にみたものである。主要都市全体と首都圏では、終戦直後の１９４６年から１９９０年の間に建設された、築22年から66年のもの（２０１２年調査時）がそれぞれ住宅全体の５～６割強を占めており、全体のストックの中で最も多い。次いで、１９４６年より前に建設された、少なくとも築66年を経過する住宅（２０１２年調査時）が３割を占めている。戦後の住宅危機に際し、大量供給された住宅と、それ以前に供給された住宅が現在の既存ストックの大半を占めている。その点では、パリ市も共通している。パリ市の場合、戦後大量供給された住宅ストックよりも築66年を経過する住宅が圧倒的に多くを占めている。パリ市の住宅は老朽化しており、住生活の質を担保するには老朽化した住宅で日常的に起こるトラブルに迅速、かつ柔軟に対応する必要がある。配管や電気関連のトラブルが起こって困ったというのは、パリ市ではよく耳にする話である。

④アパルトマンの構造と多様な居住者層の混在

先に述べたように、パリ市の典型的な住宅形態である共同住宅は、フランス語で「アパルトマン」と言う。アパルトマンが建ち並ぶ現在のパリ市のまちなみが形成されたのは19世紀のことである。当時の市長であるジョルジュ・オスマンによる「パリ改造」がきっかけであった。当時の様子を、文献でみてみよう。まず興味深いのは、19世紀前半のパリ市では、資産運用のために、共同住宅の賃貸経営がすでに行われていたことである。19世紀前半のパリ市内には単独所有型共同住宅の所有者が一部分を利用し、残りを賃貸する「居住賃貸」や、所有者不在で全戸が賃貸物件である「不在賃貸」が多く存在していた[3]と言われている。

次に興味深いのが、その19世紀のアパルトマンには、同じ住棟内に社会階層の異なる居住者が住んでいたことである。**Daumard**は、19世紀のパリ市の共同住宅には「全く違う社会条件の借家人が階から階へと積層して住んでいた」[4]と述べており、地上階部分は店舗やガルディアンの管理員室が存在し、第**1**階部分（日本でいう2階）から屋根裏部屋に近づくほど、所得が低い階層が居住していたと指摘している。この状況は、当時の風俗を記録した書物『タブロー・ド・パリ（**Tableau de Paris**）』[5]に**Texier**が描いた挿絵からも伺うことができる（**図5**）。同じ住棟内に異なる社会階層の居住者が共存していたことがはっきりとわかる。

賃貸居住者が多く、また居住者の社会階層が異なる状況では、価値観の違う居住者が共存する可能性が高く、管理活動を居住者が協力して行うことに対して大きな期待はできない。そのため、建物内

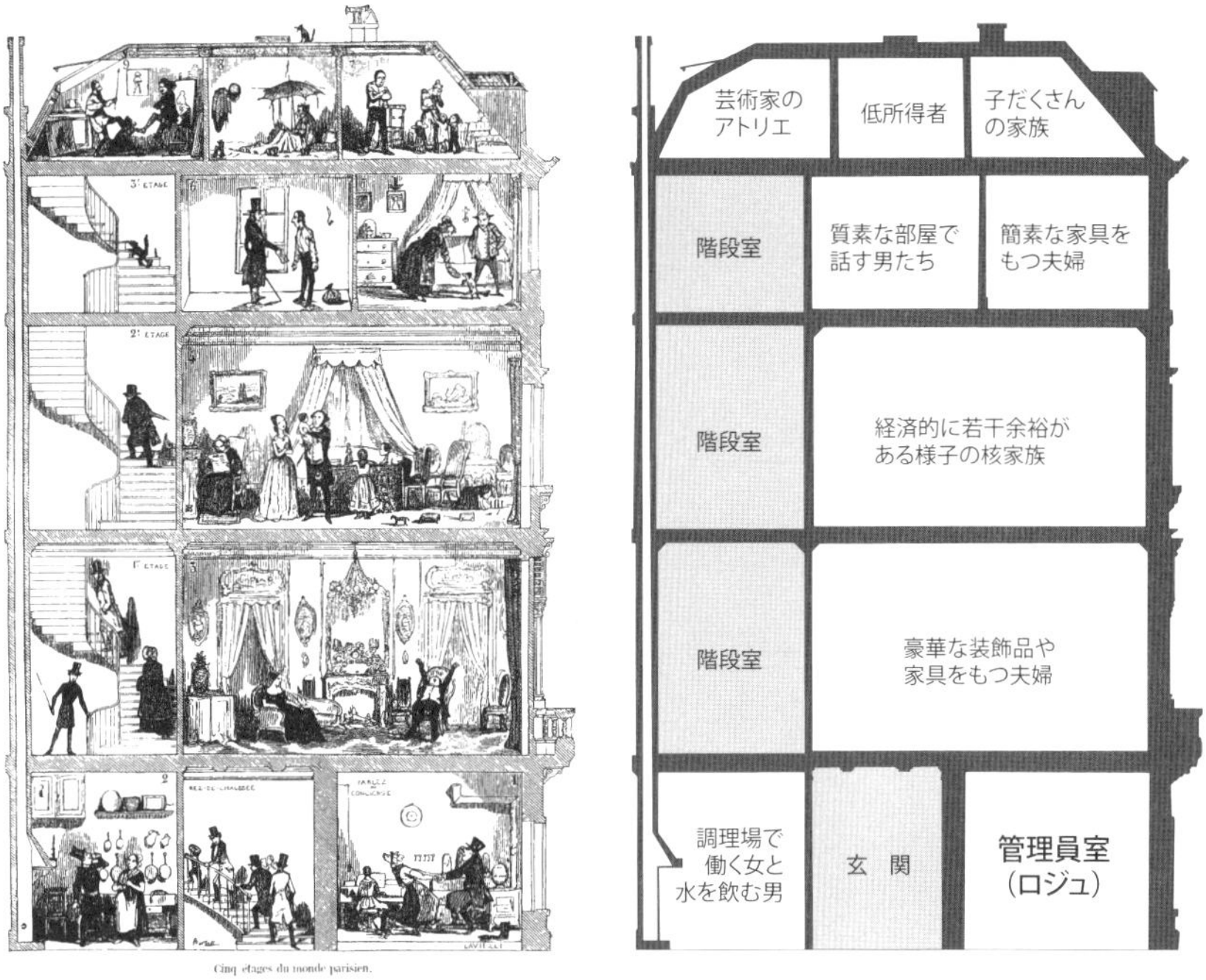

図５　19世紀のパリのアパルトマンの断面（注釈(5)より作成）

を見守り、共用空間の日常的な労務をする主体として第三者が積極的に導入された。それが住宅管理員、コンシェルジュ（concierge ガルディアンの前身の職業）である。

今日、既存ストックの老朽化から日常的にトラブルが起こる状況のなか、ガルディアンは住生活に関わる困りごとの受付窓口としても機能している。

2　ガルディアンのイメージ

ロベール・ドアノー（Robert Doisneau）はフランスの写真家である。２００５年のオークションで「市庁舎前のキス（１９５０年、原題 La baiser de l'Hôtel de Ville, Paris）」という彼の作品が、約2千万円で落札されたことで、日本でも彼の名前が広く報道されている。人物をモチーフにした彼の

写真10　ロベール・ドアノー、《La concierge aux lunettes》、1945、
©Atelier Robert Doisneau/Contact

作品の中に、「眼鏡をかけたコンシェルジュ（1945年、原題 La concierge aux lunettes）」がある（写真10）。写真に映った女性はエプロンをつけ、手には郵便物を持ってロジュの入口からこちらを睨みつけている。扉の上には「Concierge」と書かれ、脇にはほうきが立てかけてある。ガルディアンのイメージをわかりやすく伝える作品である。

ジャン・ピエール・ジュネ（Jean-Pierre Jeunet）監督の作品「アメリ（2001年、原題 Le Fabuleux Destin d'Amélie Poulain）」（写真11）には、メトロ（Metro 地下鉄）や移動遊園地など、パリの風物詩が物語に織り込まれている。ガルディアンもその一つとして登場する。パリ市民の生活の一部としてその存在が描かれているのだ。こちらもガルディアンのイメージがよく伝わる作品である。

フランス版本屋大賞、「プリ・デ・リブレール（Prix des libraires）」を2007年に受賞した『優雅なハリネズミ（早川書房、２００８年、原題 L'Élegance du hérisson）』の主人公はガルディアンである。教養と思慮深さを持つ一方で、決してそれを居住者に悟られないように過ごすガルディアンの様子が描かれている（**写真12－1、12－2**）。

ガルディアンは、フランスの共同住宅に、住み込みで働いており、居住者にとっては困った時に頼りになる存在である。日本の共同住宅にも管理員がいるが、彼らのイメージとガルディアンは少し異なる。ガルディアンは、居住者の困りごとの相談にのる長屋の大家さん、学生寮の寮母さん、はたまた居住者によっては擬似家族のような存在にもなり得る。

では、ガルディアンはどのような業務をしているのかをみてみよう。

3　ガルディアンの業務

ガルディアンの業務を法規上定めているのは、労働協約である。労働協約とは、ガルディアンが行う業務の対価の目安や、休暇を取る権利など、ガルディアンの労働基準を定めた規約である。その労働協約に記載されている業務は大きく以下の四つに分けられている。

1. **一般業務**：エレベーターやボイラー室の監視、住棟内に不審者が入ってこないように見守りをする、住棟の雇用職員の調整や統制、外部業者の業務の調整、など

2. **経営業務**：区分所有者または居住者に通知すべき事柄を掲示・記録・伝言する日常業務、家賃

写真 12-1　ミュリエル・バルベリ著、河村真紀子訳、優雅なハリネズミ、早川書房、2008

写真 12-2　モナ・アシャシュ監督、《Le Hérisson》、2007、配給：Pathé Films、制作：Les Films des Tournelles

写真 11
ジャン・ピエール・ジュネ監督、アメリ、販売：アルバトロス、2001、©VICTOIRES PRODUCTIONS - TAPIOCA FILMS　FRANCE 3 CINEMA

や共益費の徴収、売家やテナント待ちの空き家の巡視、居住者の入居および退去時における瑕疵点検、など

3. **共用部分の衛生と維持**：住棟内に市から委託貸出された共同ゴミ箱を塵芥回収日に前面道路へと運ぶ（回収も含む）、郵便物の各戸への配布、共用部分の掃除、エレベーターの掃除、など

4. **屋外共用部分の衛生と維持**：建物が面している歩道の掃除、共用緑地スペースの維持、など

右記の業務から住宅の形態や所有関係によって選択的に契約業務が決定され、それをもとに給与が換算されるという仕組みになっている。さらに、ガルディアンの業務は、上記の事項にとどまらないことが興味深い。**図6**はガルディアンの業務内容を一覧表にしたものである。子どもの預かり、買い物代行などの生活支援業務も含まれている。フランスに限らず、欧州では契約業務以外の業務に対する追加収入、「チップ」という生活慣行がある。このガルディアンの住宅管理においても、チップの生活慣行は定着している。ガルディアンは居住者に対する生

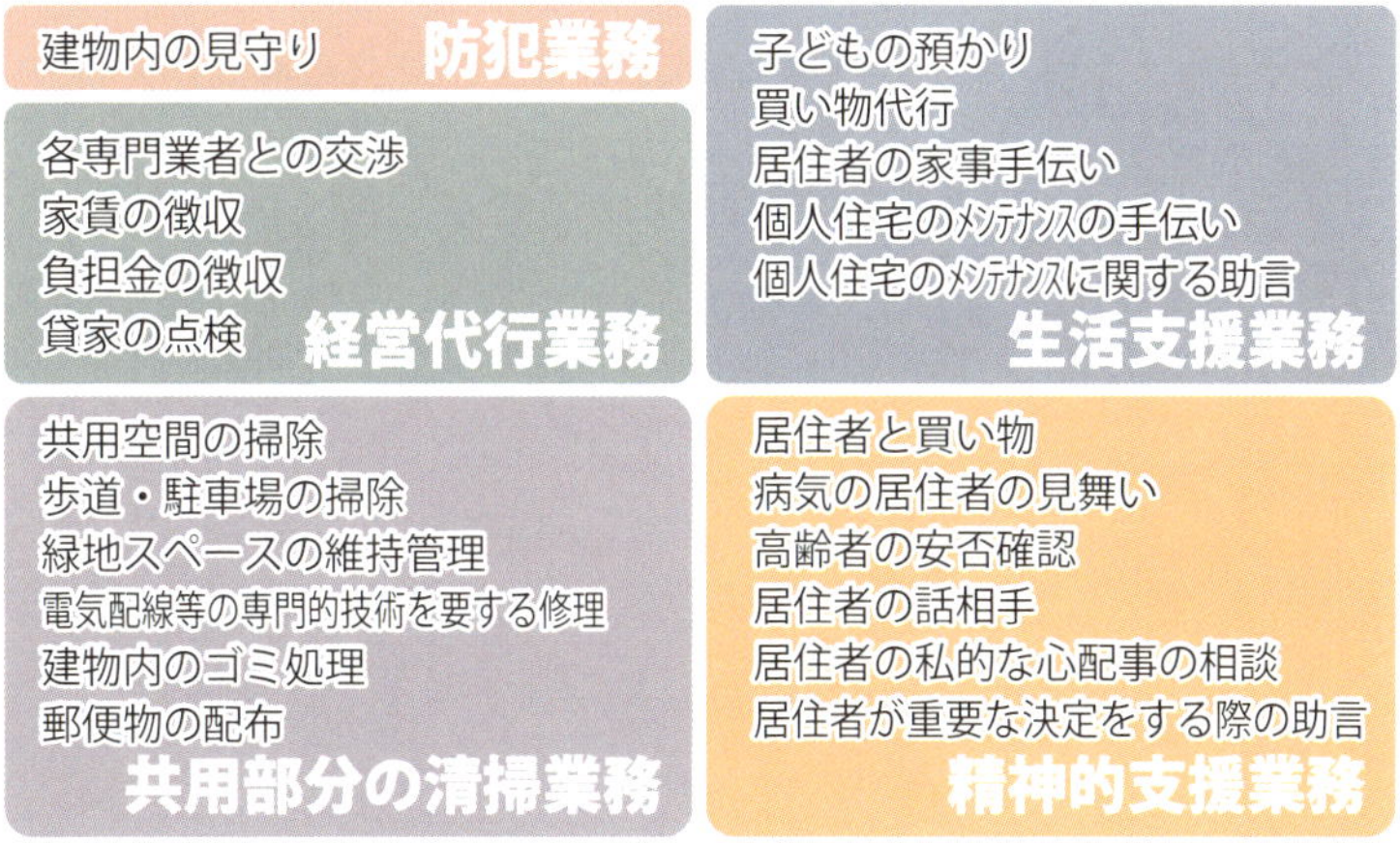

防犯業務	生活支援業務
建物内の見守り	子どもの預かり 買い物代行 居住者の家事手伝い 個人住宅のメンテナンスの手伝い 個人住宅のメンテナンスに関する助言
経営代行業務	
各専門業者との交渉 家賃の徴収 負担金の徴収 貸家の点検	
共用部分の清掃業務	**精神的支援業務**
共用空間の掃除 歩道・駐車場の掃除 緑地スペースの維持管理 電気配線等の専門的技術を要する修理 建物内のゴミ処理 郵便物の配布	居住者と買い物 病気の居住者の見舞い 高齢者の安否確認 居住者の話相手 居住者の私的な心配事の相談 居住者が重要な決定をする際の助言

図６　ガルディアンの業務内容―区分所有共同住宅―

活支援サービスを、チップを代償に行っている。また、病気の居住者の見舞いや高齢者の安否確認、さらには居住者の話し相手などの精神的支援業務が行われている。精神的支援業務についてガルディアンは、契約如何にかかわらず「当然すべき業務である」と考えていることが調査の結果から明らかになっている。[6] ガルディアンは金銭的見返りを期待せずに精神的支援業務を行っているのである。

4　フランスの共同住宅の管理体制

ここからは、共同住宅の管理体制の中で、ガルディアンが一体どのような位置づけになるのかを説明しよう。

フランスで区分所有形式の共同住宅が一般化したのは、19世紀前半のことである。産業革命をきっかけとした都市部での深刻な住宅危機がその発端である。政府は１８０４年、住民による住宅の自立建設を促進することで住宅不足を解消しようと、共同住宅を共同建設するための法律を制定した。その後、20世紀に入り、管理ルールが整備される。１９３８年には規約、総会、

図7　1965年法に定められた管理組織

管理者の設置義務が定められた（1971年改正）。その後1965年に、運営組織の規定が定められた。日本の区分所有法にあたる法律だと想像するとわかりやすいだろう。

その1965年に定められた組織とは**図7**の通りである。区分所有者が形成した組合はサンディカと呼ばれる。その組合の構成員のなかの数名で理事会が構成される。コンセイユサンディカルと呼ばれ、後述するサンディクの業務を監督・補佐する役割を負う。ここまでが区分所有者が管理組織の中で担う役割となる。一方、第三者として管理組織に関与することが法律で定められた管理者、サンディクが存在する。区分所有者組合は、法定資格と専門知識を持つサンディクを住棟の外部から選出することができる（以下、プロのサンディク）。この場合、プロのサンディクは区分所有組合に報酬を請求する権利があり有償である場合が多い。もし共同住宅の規模が小さい等の理由で、区分所有者組合に有償のプロのサンディクを雇用する経済力がない場合には、区分所有者組合の中から選出される場合もある（以下、ノンプロのサンディク）。この場合、プロのサンディクは法定資格の他に財政的な担保があるのに対し、ノンプロのサンディクは区分所有者であることが担保としてみなされ、法定資格は不要である。区分所有者組合の経済的理由からノンプロを選ぶわけであるから、区分所有者組合は「報酬を払う」義務はない。そのため、ノンプロのサンディクは無償で

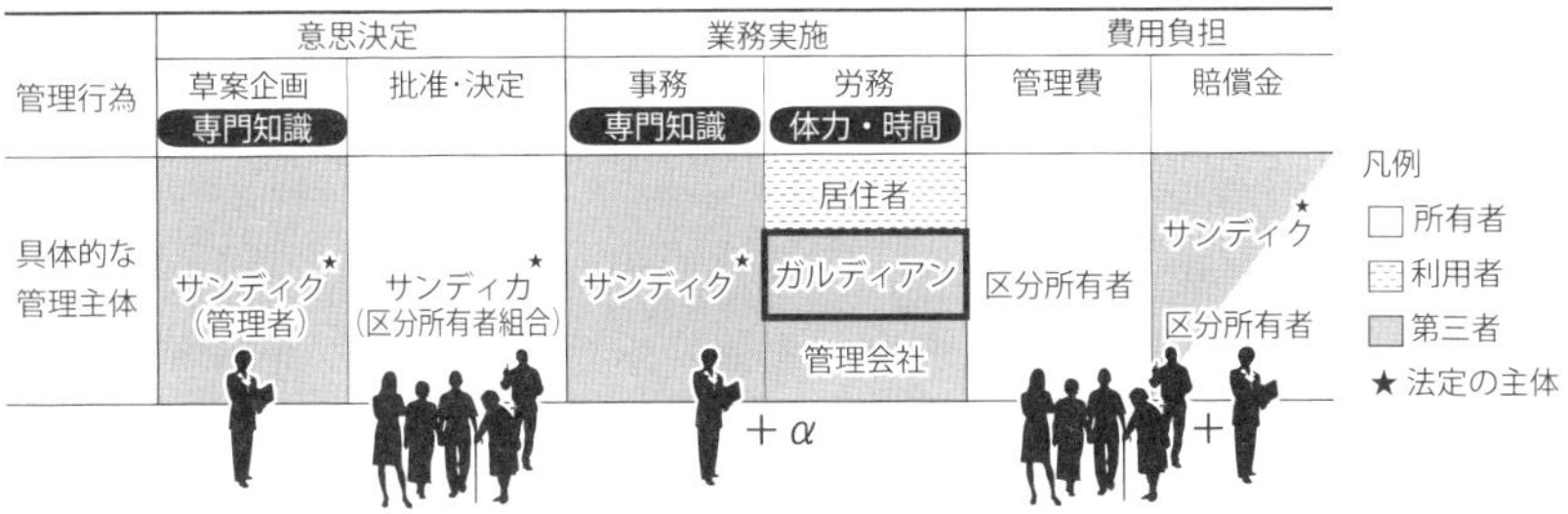

図８　フランスにおける区分所有共同住宅の管理体制

ある場合が多い。報酬をもらう権利があるプロのサンディクはノンプロのサンディクよりも法律上の賠償責任が重く設定されている。このように、法律で決められた管理組織は、所有者と専門的知識を持った第三者で構成される。**図8**に示すように、意思決定と費用負担、さらに業務実施の事務の主体が法的に定められている。意思決定の草案企画、業務実施の事務には専門知識が求められ、それに応じるようにサンディクがその管理行為を行うことが定められている。サンディクによる管理に業務上の過失があった場合は、サンディクが過失に対する賠償金を支払うことになっている。しかし、完全に第三者に管理を委託しているわけではなく、意思決定の批准と決定には区分所有者組合が関与することが決められている。このように、建築ストックの資産的な管理については、区分所有者が関与し、管理の専門知識が不足しているという限界を、専門的な知識を持つ第三者の取り入れを義務づけることで解消しようとしている。つまり、法律で定められている管理体制は、建物の資産価値を適切に保持する目的で構築されている。

　掃除やゴミの処理といった日々の労務については、法律では定められていない。自由な裁量によって決定できる部分である。総会で①第三者を導入するか否か、②第三者として導入する主体を管理会社とするか、あるいはガルディアンとするかが、区分所有者組合によって決められる。第三者を導入することが経済的に不可能である場合は第三者を導入することはせず、居住者が協力して実施する選択肢もある。実際にこの日常的な建物の維持に伴う労務においてトラブルが発生した場合は、総会において再度、①と②の選択肢から、自由に組み替えることが可能である。必要に応じて、労務の管理主体を組み替えることができるということは、画期的な仕組みである。

例えばその管理に居住者を巻き込む居住者参加型であれば、居住者が住宅や他者との関わりを通してコミュニティ形成を促す一助になり得る。ただし、それは居住者が体力や時間が十分にある場合に限り成立する。しかし、居住者のなかにはフルタイムでの仕事があったり、子育てのため管理に参加する時間的余裕が十分にとれなかったりする人もいるだろう。高齢期に伴う体力の衰えで、管理に参加することが到底無理であると考える居住者もいるかもしれない。

そこで有効になるのが、ガルディアンや管理会社による管理である。そのような第三者管理であれば、居住者の様相がどのようであれ日々の居住に関わる管理が担保される。特に、ガルディアンによる管理は、ガルディアンもまた居住者であるという点が管理会社とは異なる。その共同住宅に居住しつつ管理業務を行うので、居住者との関わり、近隣のガルディアンとの関わりがあり、少なからず地域社会の人的ネットワークの要になり得る（**写真13**）。

フランスの管理体制では、法律によって建物の資産的価値を適切に保持する枠組みが存在している。そして、居住者や地域社会の状況に応じて、共同住宅の居住価値を無理なく保持しようとする選択肢が準備されている。ガルディアンは後者の一つの要素となっているのだ。

フランスでは、民間の共同住宅のプロパティマネジメントを、サンディクという主体を組み込むこ

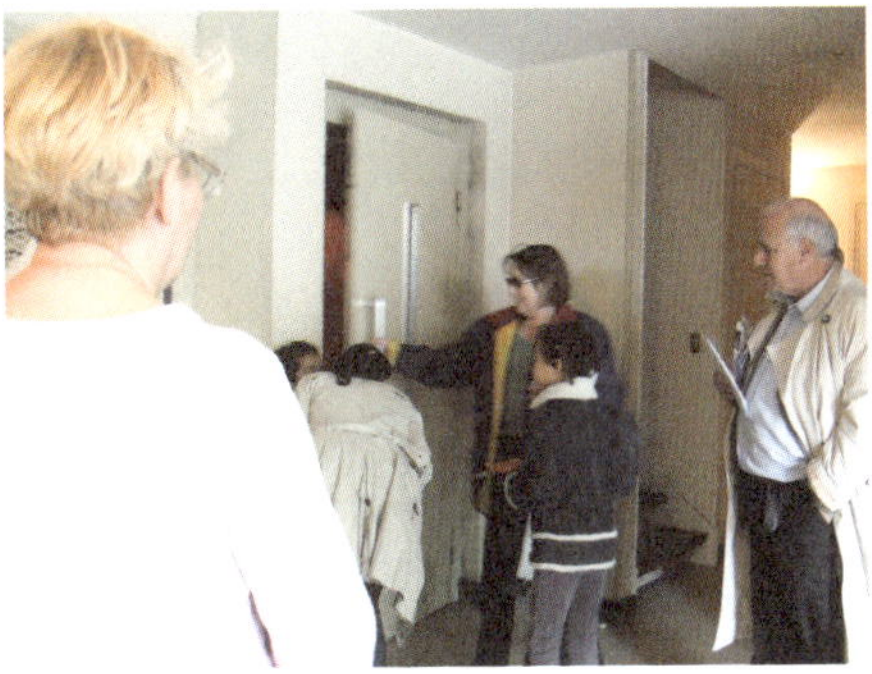

写真13　ガルディアン（左）と居住者（筆者撮影）

とを基本原則として住宅の資産価値を区分所有者の意思を反映する形で保持する仕組みになっている。一方、日常的な住生活に関係する管理業務については、区分所有者自身、または管理会社、ガルディアン等の主体をカスタマイズすることができる自由度がある。このように、フランスの共同住宅の管理体制は、住宅の社会的な価値を保持するための管理については、法定専門家（所有者自身でもよい）の介入を不動の枠組みとし、多様な居住者のニーズに対応するための日常的な管理については自由度をもたせており、共同住宅管理体制のスケルトンインフィルとも言える構造になっている。

第三章　ガルディアンの歴史

1　コンシェルジュからガルディアンへ

現在、住宅管理員には、ガルディアンとは別にポルチエ、コンシェルジュという呼ばれ方がある。ポルチエとは、Portier とつづり、（女性形はポルチエールPortière）「門番」という意味をもつ。またコンシェルジュとは Concierge とつづり、「門番・管理員」と訳される。

実際には、「ガルディアン（管理員・保護者）」、「ポルチエ（門番）」、そして「コンシェルジュ（門番・管理員）」の用語の使い分けは、明確に定義されていない。社会学分野の研究者らは、20世紀以降をガルディアン、19世紀に庶民住宅に配置された管理員をコンシェルジュ、それ以前の門番をポルチエというように、時期によって使い分けている。

ポルチエは門番という意味合いが強く、コンシェルジュにはガルディアンと同じ、管理員という意味が含まれる。コンシェルジュという表現は14世紀には出現しており、貴族や王族の住宅の見張り番を指す言葉として使われていた。

歴史学者である Deaucourt は、13世紀の租税台帳の記述を調べ、ポルチエやコンシェルジュという言葉が13世紀末には存在していたと述べている。パリ市街地はこの頃から都市化が進み、17世紀にはルイ王朝時代を迎える。18世紀末のあのバスティーユ襲撃事件を発端として民主化が進む。ちょうど産業革命とも時期が重なり、19世紀初めのパリ市街地は都市化がますます進み、その規模は、ほぼ現在のそれに近づく。市街地規模の拡大にともない、建設ラッシュが到来する。

Deaucourtは1836年には、賃貸共同住宅へのコンシェルジュが配置されたとしている。第2章で述べた通り、19世紀のアパルトマンは上下に階層の違う居住者が住むことが珍しくなかった。また、住居だけでなく商店や事務所、アトリエなどが複合してあり、人の往来が激しくトラブルが起こる危険性があった。そのため、次第に建物所有者は往来する人の動きを制御するためにポルチエやコンシェルジュを雇用するようになったと、Deaucourtは考察している。こうして、ポルチエやコンシェルジュと呼ばれるガルディアンの前身となる職業は庶民の住宅の間で広がり、19世紀末には不動産物件の大半に置かれることになった。

邸宅から誕生したコンシェルジュが、庶民住宅へと慣習的に取り入れられてきたわけだが、その労働条件に関わる制度は整えられていなかった。1960年に全国レベルの労働組合が発足し、1979年には業務や給与の換算方法を定める労働協約が定められるに至った。また、彼らの労働組合は、自身の職業に対する呼び名について、以下のようなプロモーションを進めている。彼らの労働組合は、コンシェルジュの語源として、conservusというラテン語の名詞を挙げている。そのラテン語の単語には奴隷に類する意味があるとし、ガルディアンという言葉を彼らの職業名として用いることが好ましいと主張した。コンシェルジュの語源については諸説あるが、確かにガルディアンには「保護者、管理者、守護天使」等の意味が含まれるため、悪いイメージは与えにくい。前述のとおり、その職名には複数の単語があてられるが、当事者らの想いを汲むならば、フランスの管理員を示す用語としては「コンシェルジュ」よりも「ガルディアン」を用いる方が適切と考えられる。

2 絶滅危惧種？

ここまでガルディアンの存在について述べてきたわけだが、実際にどの程度の住棟に、そのガルディアンがいるのかという疑問がわく。統計的なデータを概観してみよう。

まずはフランスにおける統計局にあたるＩＮＳＥＥによる１９９９年時の国勢調査をみてみる。それによると、パリ市を含む首都圏であるイル・ド・フランス地域圏で、ガルディアンがいる住棟の割合は、半数を超える6割強となっている。

次に、パリ市で著者が行ったアンケート調査の結果をみてみよう。民間区分共同住宅の居住者に、「あなたが居住している住棟の日常的な管理をどのような主体が行っているか」と質問したところ、次のような結果になった。「日常的な管理を行っている主体は、ガルディアンである」と答えた居住者は、回答者全体の4割強であり、管理会社に委託していると答えた居住者の割合と近似していた（**図9**）。他方、日常的な管理を担当している主体として、複数の主体を組み合わせている場合もわずかであるがみられた。その組み合わせ方は（**図10**）、「居住者自身＋ガルディアン（11％）」、「ガルディアン＋管理会社（3％）」、「居住者自身＋管理会社（2％）」であった。

つまり、現在もフランス首都圏で、少なくとも半数以上の住棟にガルディアンがおり、そのガルディ

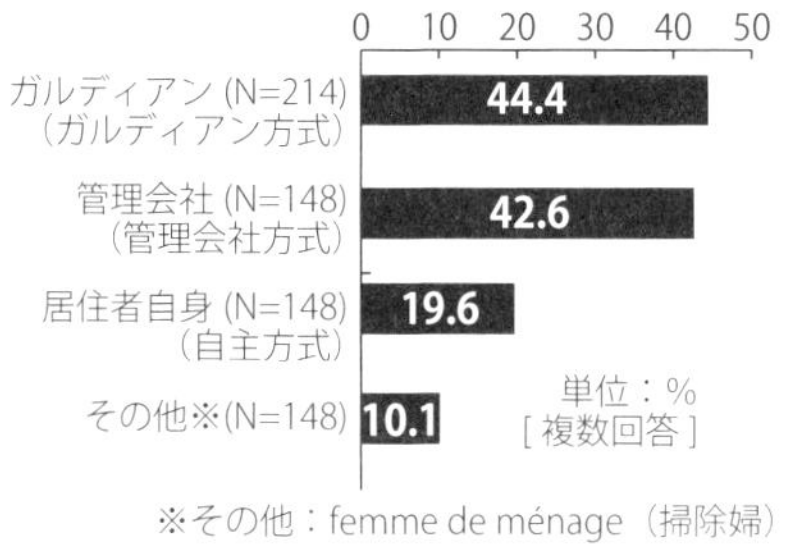

図 9　日常的な管理の主体

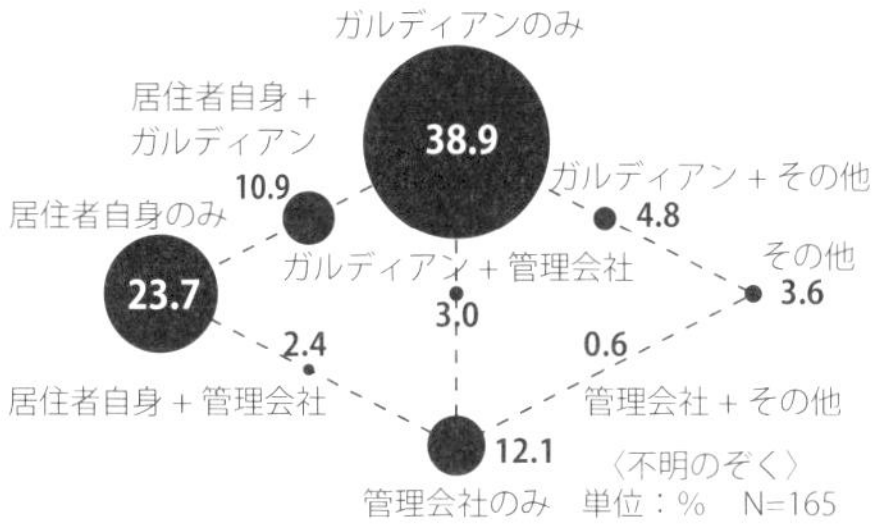

図 10　管理主体の組み合わせ

アンが主に日常的な管理業務を行っていることがわかる。

ガルディアンの数は、2回にわたる世界大戦時に最大となり、近年に至るまで漸次減少している（図11）。戦争などの影響というよりも、都市の拡大が影響していると推察される。ガルディアンの数の減少について、フランスの新聞Le Monde紙（1989・5・25、p.12）に興味深い記事「ガルディアン、絶滅危惧種」が掲載された。その記事ではガルディアンの数の減少の四つの要因を挙げている。

一つめは、居住者の私生活とガルディアンの距離が近いため、居住者が隠しておきたい私的な情報を暴露される可能性があること、二つめは、人件費が高くつくこと、三つめは、インターホンや防犯カメラ等の防犯設備機器が登場したこと、四つめは、ガルディアンが常駐する管理員室兼ガルディアンの住居、ロジュを、店舗や賃貸住宅などに転用すれば、テナント料を回収することができるということ、である。四つめの要因について説明を加えるならば、本来ロジュはガルディアンの占有部分ではなく、所有者組合に所有権がある共用部分である。ガルディアンはその空間を給与住宅として家賃の部分的な負担のみで利用できる仕組みになっている。ガルディアンには都合の悪い四つの事実は、一つめの職業倫理の問題を除けばすべて経済的な効率性の問題となる。つまり、ガルディアンは経済的には非効率であるため、その存在が都市から消滅しつつあるという見立てである。

しかしその一方で、同じ新聞記事には、ガルディアンの本質的な役割を示唆する記述がみられる。それは住宅の所有者や賃貸で入居している居住者のインタビューの紹介である。「ガルディアンの不在を、機械による遠隔コントロール管理で補えるわけではない」というものである。経済的効率性のみで住宅管理の仕組みを考えることへの反論とも捉えられる。

次章では、その反論が実際に現在のフランスで広く議論されている状況について紹介しよう。

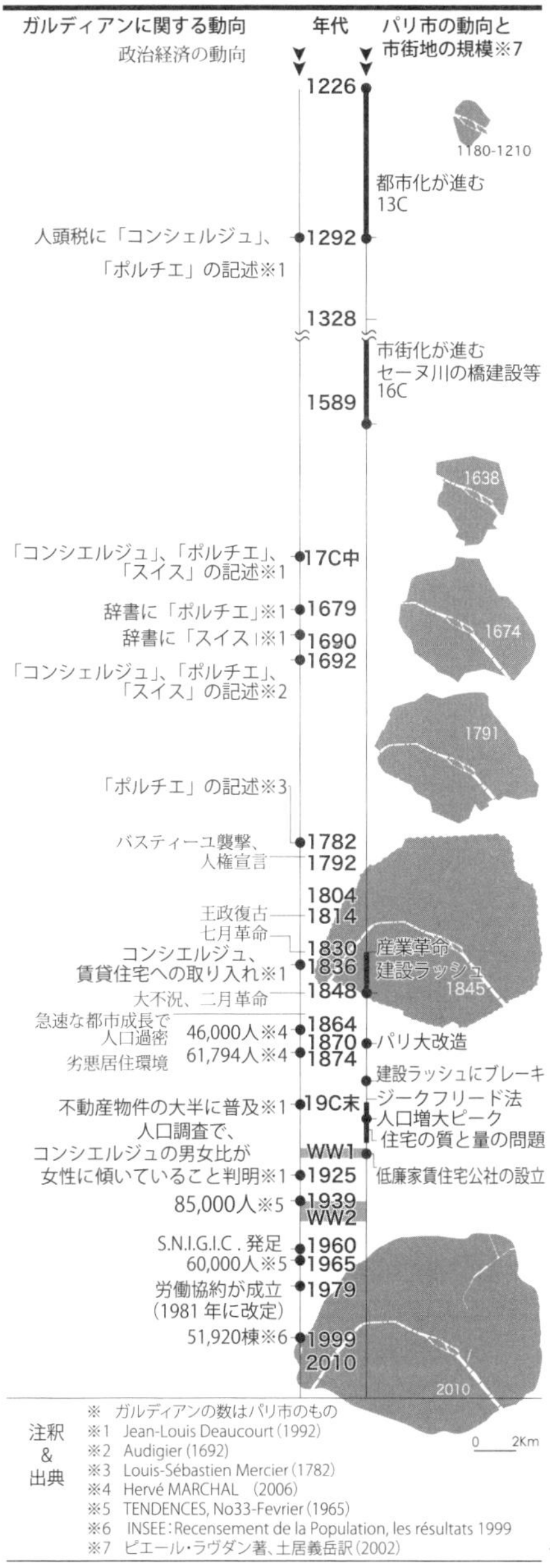

図11 ガルディアンの数の推移

第四章　現代におけるガルディアンの展開

1　社会住宅団地におけるガルディアン配置の義務づけ

フランスでは2001年に、バンダリズム（建物への落書きや破壊行為）や社会問題を抱えた、都市政策の優先的な対象地域、Zone urbaines sensibles(7)（以下、Z.U.S.）にある社会住宅団地に、ガルディアンを導入することが、デクレNo.2001-1361という政令(8)によって義務づけられた（**写真14**）。

住宅政策に関わる公的な住宅を、フランスでは「社会住宅」と呼ぶ。住宅政策とは、住宅の供給（建設や取得）を公的な介入によって促進したり制御したりするものである。フランスにおける住宅政策では、大まかに以下の三つの手法で、市場への公的介入を行っている。①住宅ストックを直接供給する主体の設立、②住宅財政制度の実施、③家賃規制、である。民間企業によって供給された住宅であっても、空き家の期間が一定以上あれば③の家賃規制の対象物件になるため、社会住宅という取り扱いになる。そのため、厳密にフランスにおける社会住宅の量的把握をしようと思うと、非常に難しいというのが現実である。しかし、①の、社会住宅の建設戸数を把握することはできる。その割合は地域によって異なるが、首都圏では全住宅戸数の2割程度となっている。

現代のガルディアンと社会住宅団地との関係性を詳しく述べるまえに、フランスの社会住宅の大ま

写真 14　社会住宅のガルディアン（筆者撮影）

写真 15　シテ・ナポレオン（筆者撮影）

写真 16　社会住宅団地（筆者撮影）

かな歴史をみてみよう。

2　社会住宅とはどのようなものか？

フランスの社会住宅は19世紀の産業革命を機に、農村から都市へと流入した労働者のために、彼らを雇う資本家らが博愛主義の理念のもとに建設した「労働者住宅」から始まる。[9]

1850年代初期には労働者住宅、シテ・ナポレオン（**写真15**）がパリ労働者住宅団地会社（Société des cités ouvrières de Paris）によって建設された。そこには共用の施設として洗濯場や公衆浴場、託児所があり、行政担当者（administrateur）の管理下に警備担当のコンシェルジュ（ガルディアンの前身）が配置されるようになった。それが社会住宅における初めてのガルディアンの導入となる。

19世紀後期は、労働者の人権が盛んに議論された時期で、労働者のための住環境についても供給者側ではなく、居住者側に立った議論がされるようになった。一連の労働者の住環境と人権に関する議論は社会住宅のガルディアンの必要性の議論へも及んだ。日常的な生活環境にガルディアンがいることについて、私生活を監視されているように感じるという居住者の気持ちは、理解に難くない。以降、計画された労働者向け住宅には、必ずしもガルディアンが配置されるわけではなく、共用部分の日常的な維持管理業務や使用規則を居住者に守らせるため、選択的に取り入れられるようになった。

1894年、初めて国が主体となって供給した住宅、低廉家賃住宅（Habitations à Bon Marché 以下、HBM）の建設が始まる。そのHBMには、当初からガルディアンが配置されていた。[10]記録によると、ガルディアンは「衛生的な視点から借家人を『教育』するため、さらに人のモラルを向上するため」、パリ都市圏の様々なHRM団地において、ガルディアン、コンシェルジュが雇い入れられたと言われている。[11]

産業革命期の都市における人口集中の救世主となった社会住宅は、その次の時代には、第一次世界大戦後の住宅危機に困窮する人々のためのシェルターとなった。20世紀には、低所得階層や政策的に受け入れた移民の居住の受け皿として更なる展開を遂げ、1950年代後半から70年代前半にかけて、都市郊外地域に大規模な社会住宅団地が建設された[12]（**写真16**）。

しかし、1980年代からは社会住宅周辺で、建物への落書きや破壊行為（バンダリズム）等が表出するようになる。それは、諸外国からフランスへやってきた移民の次世代をめぐり、ルーツの違いを理由とした差別や、所得格差が火種となっている。そのような問題は現在でもフランス国内では、センシブルかつ看過できない社会問題となっている。そのような状況を受け、都市計画や住宅政策から、それらの社会問題を解決しようとするアプローチが模索されてきており、2001年には社会住宅におけるガルディアンの配置が義務付けられる法令が制定され、2003年に施行されるに至った。[13]なぜ、そのような現場にガルディアンが配置されるようになったのか?

3　ガルディアンの職業訓練

①社会住宅のガルディアン像

一時は「絶滅危惧種」とまで言われた民間共同住宅のガルディアンであるが、社会住宅団地におけ

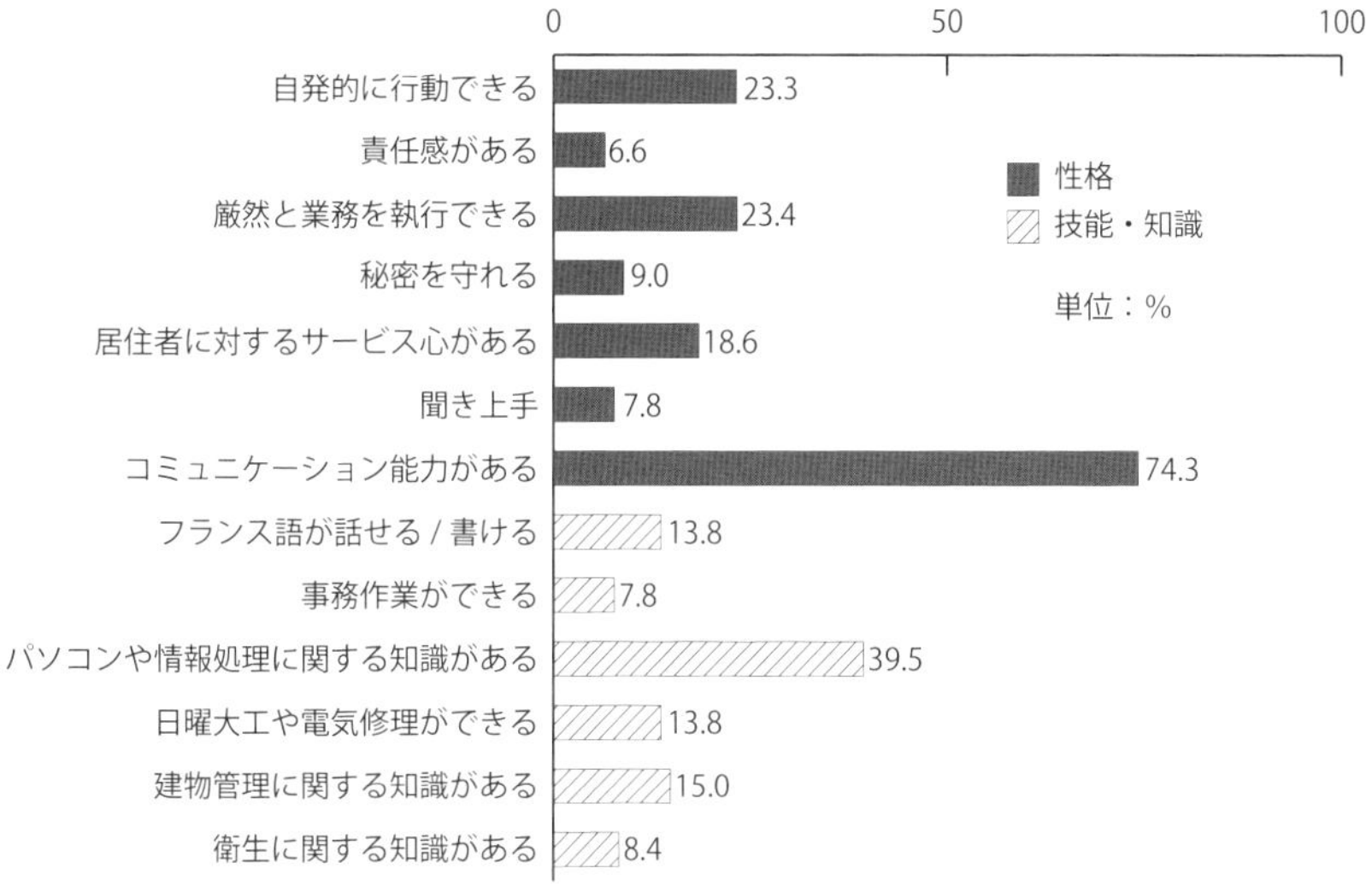

図 12　求められる性格、技能・知識

る配置が政令で義務づけられて以降は、資格が創設されたり、職業訓練学校が設立されたりしている。なぜ今、ガルディアンが求められ、何がガルディアンに求められているのだろうか。機械に置き換えることができない、ガルディアンの役割とは何なのだろうか。

ネット上に掲載された求人広告の情報を頼りに、「ガルディアンに求められていること」を探ってみる。すると、これまでのガルディアン像とは違った「現在の」ガルディアン像が浮き上がってきた。分析に利用した求人情報の数は、２０１５年の１〜２月の間に10の求人サイトに掲載されていた計２４８件（重複するものは除外）である。全体の8割が社会住宅のガルディアンの求人広告であり、ネット上の求人に限られたデータではあるが、民間共同住宅に比べて社会住宅のガルディアンの需要が多いことがわかる。

求人広告の記述で筆者がまず着目したのは、求められる性格や技能・知識についての記述である（**図12**）。「自発的に行動できる」、「責任感がある」、「厳然と業務を

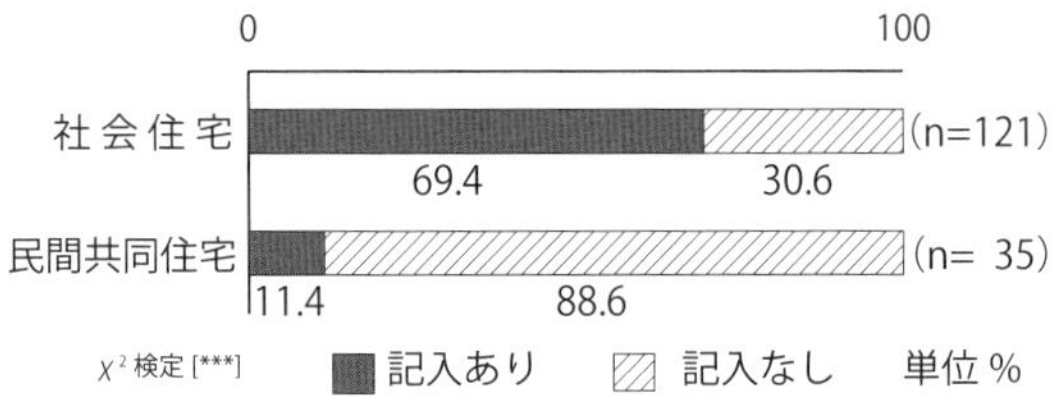

図 13　CAP（職業適正証書）資格の記入の有無
―勤務先住宅団地の性質からみた―

執行できる」等のように、社会人として必要になる性格が書かれている。それらに加えて、「秘密を守れる」、「居住者に対するサービス心がある」、「聞き上手」、「コミュニケーション能力がある」といった対人サービスに関わる記述、「フランス語が話せる／書ける」、「事務作業ができる」、「パソコンや情報処理に関する知識がある」という事務業務に関わる記述、「日曜大工や電気修理ができる」、「建物管理に関する知識がある」、「衛生に関する知識がある」という建物維持管理に関わる記述がみられた。

また、これまでは「誰でもできる簡単な仕事」と考えられていたガルディアン職に、資格を要求する求人広告がみられるようになっていた。資格は6割強（160件）の求人で必要とされている。どのような資格かというと、そのほとんど（8割強）においてCAP（Certificat d'Aptitude Professionelle）という職業適正証書が求められていた。CAP資格の記述があったデータのみを抽出し、社会住宅と民間共同住宅とで比較をすると（**図13**）、CAPを求めている割合は、社会住宅では69%、民間共同住宅では11%となっており、圧倒的に社会住宅での勤務のために取得が望ましいと考えられていることが理解できる。CAPとは専門的な職業教育が必要であると認められた職業ごとに設立されている国家資格である。ガルディアンのCAPが創設されたのは1994年のことであり、その資格取得の要件が詳細に定められたのは2010年になってからである。つまり、近年になってガルディ

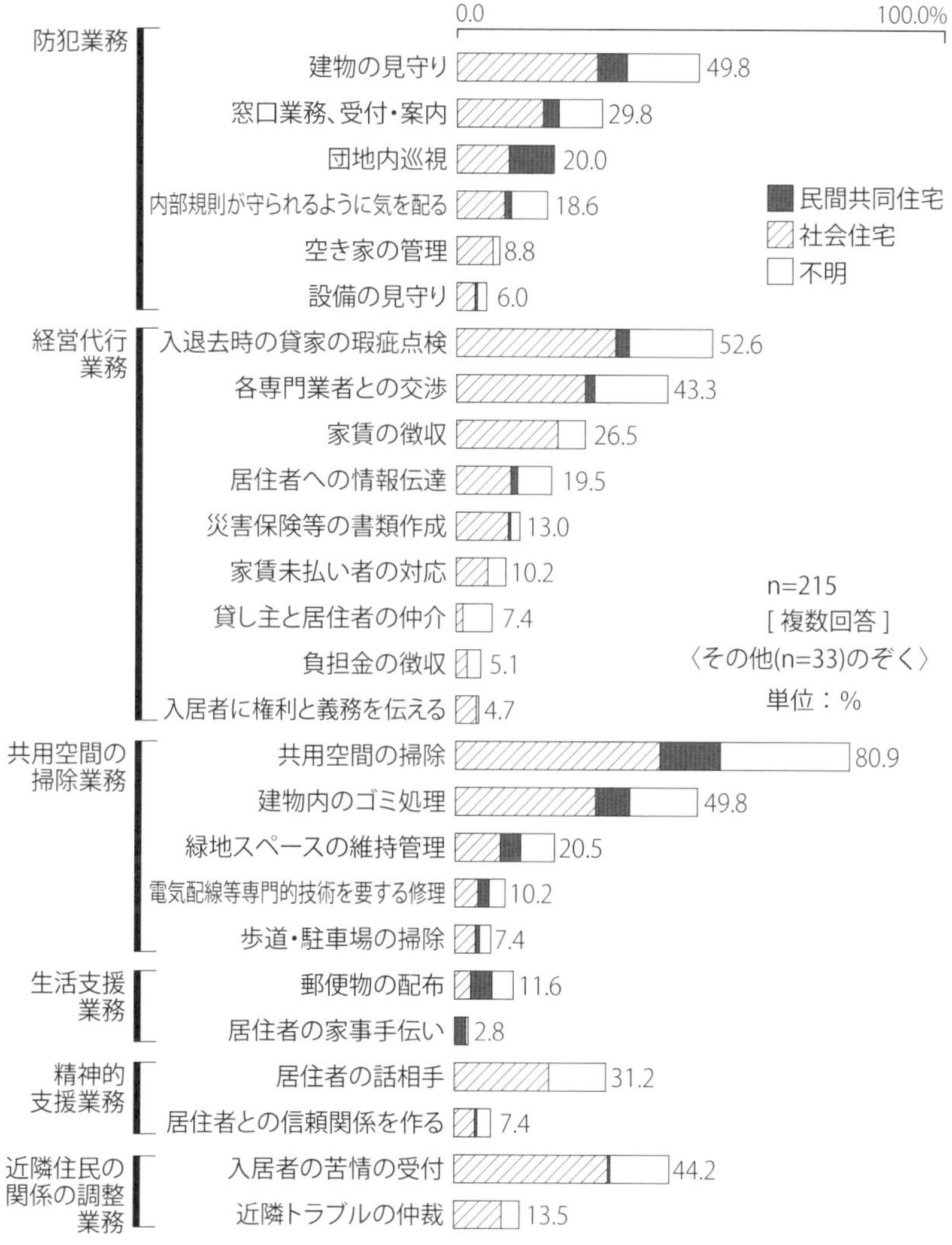

図 14　ガルディアンの業務内容―社会住宅―

アンの職業資格の要件と職業教育のカリキュラムとが連携し、ガルディアンに求められる具体的な能力や資質が認識されはじめたというわけである。

図14は雇用後の業務内容を示したものである。まず、「共用空間の掃除」（77％）や「建物内のゴミ処理」（50％）などの共用部分の清掃業務がみられる。次いで、「入退居時の貸家の点検」（53％）や「家賃の徴収」（27％）などの経営代行業務がある。さらに「建物の見守り」（50％）、「団地内巡視」（20％）などの防犯業務、「居住者の話し相手」（31％）に代表される精神的支援業務がある。それらに加えて、「入居者の苦情の受付」（44％）、「近隣トラブルの仲裁」（14％）がみられる。それらは近隣住民の関係の調整をする業務であり、民間共同住宅のガルディアンの業務内容にはみられない。

社会住宅のガルディアン像は、民間共同住宅で19世紀から定着しているガルディアン像とは少し違う。民間共同住宅のガルディアンは、ロジュに常駐していることで、結果的に近隣住民との関係性を持ち、居住者の生活支援を行ったり近隣の防犯などに寄与したりする側面があるのだが、居住者間のトラブルには積極的に関わらない。それに対し、社会住宅のガルディアンの業務には近隣住民の関係の調整業務がある。居住者に対し、積極的な対人サービスを行うことが、近年の社会住宅の課題となっているバンダリズム等を緩和すると考えられたわけである。

建物の維持管理、運営管理は建物の価値を低減しないように保ち、引き延ばす行為である。そこに住む居住者の生活支援や精神的サポートもまた建物の維持管理、運営管理に深く関わっているということが、フランスで公認されたと捉えることができるのである。

②ガルディアン向け職業教育プログラム

ガルディアンの求人広告に頻繁に使われていた単語がある。それは「polyvalent」という形容詞である。日本語で「多角的な」、「多目的な」と訳される。前述の通り、ガルディアンは様々な役割をこなす。その業務を確かなものとするための職業教育プログラムがある。その職業教育プログラムの状況を概観し、フランスの社会がガルディアンという職業をどのように再構築しようとしているのかをみていこう。

1．ガルディアンの資格の取得のため

まず、ガルディアンの職業教育のなかで、よく目にするのがＣＡＰ（職業適正証書）の資格試験を受験することを目的としたプログラムである。受験資格を得るには、国が定めたカリキュラムを提供している教育機関に通う必要がある。

資格試験は専門知識と一般教養で構成される。うち、専門知識は自然科学、経済学、社会衛生学等であり、一般教養は言語、社会科、理科、体育等である。

実習では掃除等の技能の他に、近隣住民の苦情処理やトラブルの仲裁、新規居住者への対応、入退去時の瑕疵点検の実地訓練等がある。実習の受け入れ先は、多くの場合、社会住宅団地である。受講者が就職活動中である場合は、プログラム終了後、実習先に就職するケースも珍しくない。教育プログラムを提供する機関が受講者と実習先とをマッチングすることが、結果的に受講者の就職活動の支

援につながっているようである。

2. 社会住宅のガルディアンのスキルアップのため

資格をとるためのプログラム以外にもガルディアン向けの職業教育がある。それは住宅管理等を行う事業者からの依頼で、すでにそこで働くガルディアンのスキルアップを委託されているケースである。講習の期間は数日～3カ月程度と、CAPに関する講習に比べて短い。すでにガルディアンとして働く者を対象としているのだが、授業内容には実習や技術演習等が含まれている（**写真17**）。

それらの機関が講習を始めた時期は1980年代で、いずれも30年前後の蓄積がある。1980年代は郊外の大規模な社会住宅団地の治安が問題視された時期である。また、この時期に、フランス北部の鉱山の閉鎖で多くの労働者が失業するはめになったという。ある機関は両者を提携させて、鉱山労働者をガルディアンとして転職させるための教育プログラムを創ったことが設立の起源であったと言っている。

現在では、年間、イル・ド・フランス地域圏内で90名のガルディアンの求人がある。ガルディアンの求人数の多さ、さらにはガルディアンの専門性の向上のため、[14] 現在でも社会住宅事業者からの職業教育委託や求職者への職業教育プログラムの需要は高いという。

3. 民間共同住宅取引の付加価値のため

筆者が非常に興味深いと思うのは、民間共同住宅のガルディアン教育の状況である。

民間区分所有共同住宅のガルディアン向けの教育プログラムを提供している機関Eの事例を紹介する。機関Eは主に「洗練された住区」の民間共同住宅のガルディアンを対象としている。機関が設立されたのは2011年で、比較的新しい。

機関E自体は非営利組織であるが、その設立には二つの民間企業が関っている。その一つは住宅管理（メンテナンス、プロパティマネジメント等）を行う会社Aであり、もう一つは不動産関連の保険や改修の相談を行う会社Bである。

写真17　技術演習の授業の様子（筆者撮影）

会社Aが取り扱うのは、「洗練された住区」の不動産である。2015年のインタビュー調査の際、機関Eは「近年の傾向であればガルディアンを失くす方向に区分所有共同住宅は向かっている」と述べている。

前章で述べたように、ガルディアンの人数は戦後、減少傾向にある。その理由は区分所有共同住宅の管理組合が、人件費の支出を減らして地上階の共用部分の管理員室にテナントを入れて賃料を取る方が利があると認識しているからである。

しかし、不動産に関する2社が、あえてガルディアンの職業を活性化し、プロモートするための戦略として職業教育に重点を置いた理由は、他者との差別化を図るための戦略になり得ると考えたためである。「ガルディアンを置くことが経済的に負担になるのであれば、きちんとした教育を受けたガルディアンを置けばいい」というわけである。

人件費を単純に無駄な経費と捉えるのではなく、「ガルディアンがいることで、『不動産が管理されている、安全である』という理解につながり不動産価値が上がる」という方向に、思考および価値観を転換している。職業教育を受けたガルディアンのサービスやサポートを共同住宅の資産価値に反映できると考えているのである。

おわりに

　本書ではフランスにおけるガルディアンの存在を通して、住宅を長期間にわたり管理する手法、そしてその背景にある考え方に迫ってきた。ガルディアンが住宅に配置された第一目的は、住宅の日常的維持管理である。それに加え、19世紀に民間共同住宅にガルディアンが取り入れられたのは防犯のため、21世紀に社会住宅にガルディアンが取り入れられたのは積極的な対人サービスや地域社会のつながりが破たんしている地域の安全性確保のための環境デザインとして、である。つまりその役割は、住棟内でのメンテナンスにとどまらず、地域マネジメントの一端を担うことにまで及んでいる。

　日本の場合を考えてみると、共同住宅ストックは高経年化と同時に、居住者の高齢化、単独世帯の急増、そして人口減少による空き家化に直面している地域がある。バンダリズムや移民の受け入れなど、フランスが抱える社会的課題は我が国のそれとは当然異なるが、地域社会のつながりを補強すること、地域の安全性や居住性、快適性を向上することにこれまで以上に注力が求められているという点で、フランスと我が国の地域問題への取り組みの方向性は異なるものではない。

　フランスでは、人を常駐させる管理方法を、共用空間の維持管理の窓口となり得ると考えるだけではなく、地域のマネジメント主体を配置することにもなると捉えている。その考え方を援用することは、我が国の共同住宅管理の議論の深化だけでなく、地域問題緩和に寄与する知見ともなるのではないだろうか。

経済性や効率性に偏重した物理的な維持管理だけでは、住宅や都市は持続しない。そこには必ず住み手がいる。住宅とそれを包含するコミュニティが、持続的な都市居住を実現することを目指しつつ、共同住宅とコミュニティとを持続的・広域的にマネジメントするための管理体制を我々は考え出さねばならない。


都市は住宅で構成され、住宅は人の生活を包みこむ。年齢が高齢になっても、働き方が変わっても、家族生活に変化があっても、大きな変化なしに住み慣れた場所で生活が続けられる。そのような社会を実現するのは夢のような話だと言う人もいるかもしれない。すでに構築された都市環境や社会システムを再編したり、受け継いだりすることは、新たにそれらを創り出すこととは違った工夫や知恵を絞り出さねばならない。それは決して簡単なことではないだろう。

しかし、方法はある。本書で紹介したフランス首都圏の共同住宅マネジメントのように、他の地域で育まれた合理的な何かがあるかもしれない。それら一つひとつをひも解き、その体系を背景にある考え方と併せて理解していく。そうすることで、私たちの次の世代が選ぶことができるオプションは増えていくのではないだろうか。

（1）関川華・髙田光雄「フランス首都圏の民間共同住宅におけるガルディアンが組み込まれた管理体制に関する研究」日本建築学会「計画系論文集75巻647号」所収、1～8頁、2010

（2）INSEE “Les conditions de logement en Île-de-France en 2006”, Édition 2009, 2009.10

（3）鈴木隆「近代の中庭型都市共同住宅家屋の家主とその所有・経営─十九世紀前半のパリの中層・高密度市街地の成立に関する都市計画的研究（7）」日本建築学会「計画系論文集59巻463号」所収、107～116頁、1994

（4）以下、原文。《 Une tradition tenace veut que dans les maisons de Paris, au XIXème siècle, des locataires de condition sociale très différente se superposaient d'étage en étage. 》Adeline Daumard：Maisons de Paris et propriétaires Parisiens au XIXème siècle, 1809-1880, Cufas, pp.90-92, 1965

（5）Edmond Texier “Tableau de Paris, tome 1”, p.65, Paris, 1852

（6）関川華・髙田光雄「フランス首都圏における民間共同住宅の管理人の役割に関する研究」日本建築学会「計画系論文集73巻632号」所収、2025～2032頁、2008

（7）Z.U.S. は La loi no 96-987 du 14 novembre 1996 relative à la mise en oeuvre du pacte de relance pour la ville の第2条によって定義づけられている。Z.U.S. は Z.R.U.（Zones de redynamisation urbaine）と Z.F.U.（Zones franches urbaines）から成り、Z.U.S. に指定された地域は開発に対して公的助成を受けることができる。Z.U.S. は安全に関する居住者評価が低く、保安のための管理や監視が特に求められている地域である。2015年1月1日以降、Z.U.S. は廃止され、Q.P.V.（Quartiers prioritaires de la politique de la ville）へと置き換えられている。

（8）デクレとは「大統領または首相によって署名された、一般的効力を有する（行政立法）または個別的効力を有する執行的決定」のことである。以下の文献、p.104 より引用。中村紘一・新倉修・今関源成監修、Termes juridiques 研究会訳 “LEXIQUE DE TERMES JURIDIQUES” フランス法律用語辞典第2版、三省堂、1996

（9）Catherine Bruant “La Cité Napoléon -Une expérience controversée de logements ouvriers à Paris-”, LéaV, 2011

（10）Hervé Marchal “La construction de l'identité social et professionnelle des Gardiens-concierges du secteur HLM”, ナンシー第2大学、社会学博士学位論文、２００４

（11）Jean-Marc Stébé, Gérald Bronner：Figure et métamorphoses des concierges, Annales de la recherche urbaine, No.88, pp.95-104, 2000.12

（12）大家亮子「フランスの公的団地の『団地更新事業ＤＳＱ』を中心とした総合的管理に関する研究」東京大学工学博士学位論文、１９９２

（13）関川華・髙田光雄「フランス社会住宅団地へのガルディアンの導入経緯に関する研究—デクレNo.2001-1361に関する国民議会の議論をもとに—」日本建築学会「計画系論文集81巻７２３号」所収、１１７５～１１８３頁、２０１５

（14）社会住宅では居住者に対する規則が多い。そこで、居住者が内規を守るよう促すことがガルディアンの役割となっている。居住者間または居住者とガルディアン自身との人間関係を調整する技術が、ガルディアンには求められる。

〈執筆者〉

関川　華

2011年、京都大学大学院工学研究科博士課程、修了。2016年まで岡山大学大学院教育学研究科に勤務。その後、2017年より近畿大学建築学部に勤務。2005年からフランスにおける共同住宅の管理体制に関する研究を始める。フランスの住宅管理人の業務が物理的な維持管理だけではなく、地域における居住者達の生活支援に及んでいることに関心を持つ。

西山夘三記念 すまい・まちづくり文庫（略称：西山文庫）について

わが国の住生活及び住宅計画研究の礎を築いた故京都大学名誉教授西山夘三が生涯にわたって収集・創作してきた膨大な研究資料の保存継承を目的として1997年に設立された文庫で、住まい・まちづくり研究の交流ネットワークの充実、セミナーやシンポジウムの開催、研究成果の出版などを行っています。「人と住まい文庫」シリーズは、すまい・まちづくりに関する研究成果をより広く社会に還元していくための出版事業であり、積水ハウス株式会社の寄付金によって運営されています。

パリのガルディアンものがたり

～フランス首都圏の共同住宅マネジメント～

2017年11月8日発行

著　者　関川　華
発行者　海道清信
発行所　特定非営利活動法人 西山夘三記念 すまい・まちづくり文庫
〒619-0224　京都府木津川市兜台6-6-4 積水ハウス総合住宅研究所内
電話　0774（73）5701
http://www.n-bunko.org/
編集協力　アザース
デザイン　松浦瑞恵
印　刷　株式会社ワーカフィル

Printed in Japan
ISBN978-4-909395-00-9